LAS AVENTURAS DE JOHNNY BUNKO

LA ÚNICA GUÍA QUE NECESITARÁS PARA TU FUTURO

DANIEL H. PINK

DIBUJOS POR ROB TEN PAS

EMPRESA ACTIVA
EDICIONES URANO

EL PEQUEÑO SECRETO ES QUE LAS RAZONES **INSTRUMENTALES** NORMALMENTE NO **SIRVEN**, PORQUE LAS COSAS SON MUY COMPLICADAS E IMPREDECIBLES. NUNCA SABES QUÉ ES LO QUE SUCEDERÁ Y POR LO TANTO TE QUEDAS **ATASCADO**. LOS **TRIUNFADORES** –NO TODO EL TIEMPO PERO SÍ LA MAYOR PARTE– TOMAN DECISIONES POR RAZONES **FUNDAMENTALES**.

ELIGEN UN TRABAJO O UNA EMPRESA PORQUE LES PERMITE EFECTUAR UN TRABAJO **VALIOSO** EN UN LUGAR COOL, AUN CUANDO NO SEPAN EXACTAMETNE A DONDE LOS CONDUCIRÁ.

ESTUDIAN **HISTORIA DEL ARTE** EN LUGAR DE **ADMINISTRACIÓN** PORQUE ESO ES LO QUE LES ENTUSIASMA **REALMENTE**.

NO SON **TONTOS**, SON **PRAGMÁTICOS ILUMINADOS**.

ENTIENDEN LO QUE TU PADRE, Y TU ASESOR VOCACIONAL **NO**.

1. No hay un plan.

LECCIÓN DOS

FLUIR es el estado mental operacional en el cual una persona está totalmente inmersa en lo que hace, caracterizado por un sentimiento de pertenencia y éxito en el proceso de una actividad. M.C.

BUENO, CREO QUE MIS DIBUJOS SON BASTANTE BUENOS Y PUEDO DIBUJAR HORAS ENTERAS. LA GENTE SIEMPRE VIENE A MÍ A PEDIRME IDEAS Y SIEMPRE ESTOY INTENTADO AVERIGUAR LAS CARACTERÍSTICAS DE LOS DEMÁS.
SOY BASTANTE BUENO PARA ESO.
A VECES ES CASI COMO SI PUDIERA LEER LOS PENSAMIENTOS DE LA GENTE. COMO SI LOS VIERA ESCRITOS EN LA BURBUJA DE UN MANGA.
ESTE CHICO SÍ QUE ESTÁ EN EL LUGAR EQUIVOCADO...

1. No hay un plan.
2. Concéntrate en tus talentos, no en
   tus debilidades.

LECCIÓN TRES

LECCIÓN CUATRO

1. No hay un plan.
2. Concéntrate en tus talentos, no en tus debilidades.
3. No se trata de ti.
4. La persistencia aviva el talento.

1. No hay un plan.

2. Concéntrate en tus talentos,
   no en tus debilidades.

3. No se trata de ti.

4. La persistencia aviva el talento.

5. Comete errores excelentes.

LECCIÓN SEIS

SÍ, MUY FUERTE.
DICES QUE ADEMÁS DE UTILIZAR NUESTRO TALENTO Y COMETER GRANDES ERRORES ¿DEBEMOS **SALVAR** AL MUNDO?
NO. NO TE PIDO QUE ELIMINES EL HAMBRE DEL MUNDO, O REPARES LA CAPA DE OZONO.
PERO SI QUIERES **INTENTARLO**, ADELANTE.
TE **PIDO** QUE PIENSES ACERCA DE CUÁL ES TU **PROPÓSITO**, QUE RECONOZCAS QUE TU VIDA NO ES INFINITA Y QUE UTILICES TU POCO TIEMPO AQUÍ PARA HACER ALGO QUE TENGA **SIGNIFICADO**.

1. No hay un plan.

2. Concéntrate en tus talentos, no en tus debilidades.

3. No se trata de ti.

4. La persistencia aviva el talento.

5. Comete errores excelentes.

6. Deja huella.

TÍTULO ORIGINAL: *THE ADVENTURES OF JOHNNY BUNKO*
EDITOR ORIGINAL: RIVERHEAD BOOKS, THE PENGUIN GROUP (USA)
TRADUCCIÓN: SERGIO BULAT

COPYRIGHT © 2008 BY DANIEL H. PINK
INTERIOR AND COVER ART BY ROB TEN PAS
ALL RIGHTS RESERVED
© DE LA TRADUCCIÓN 2008 BY SERGIO BULAT
© 2008 BY EDICIONES URANO, S. A.
   ARIBAU, 142, PRAL. – 08036 BARCELONA
   WWW.EMPRESAACTIVA.COM

ISBN: 978-84-92452-09-5
DEPÓSITO LEGAL: B-45.606-2008

FOTOCOMPOSICIÓN: A.P.G. ESTUDI GRÀFIC, S.L. – TORRENT DE L'OLLA, 16-18, 1º 3ª – 08012 BARCELONA
IMPRESO POR: ROMANYÀ-VALLS – VERDAGUER, 1 – 08786 CAPELLADES (BARCELONA)

IMPRESO EN ESPAÑA - *PRINTED IN SPAIN*